Ser respetuoso

Julie Murray

Abdo Kids
NUESTRA PERSONALIDAD

abdopublishing.com

Published by Abdo Kids, a division of ABDO, PO Box 398166, Minneapolis, Minnesota 55439.

Printed in the United States of America, North Mankato, Minnesota.

102017

012018

THIS BOOK CONTAINS RECYCLED MATERIALS

Spanish Translator: Maria Puchol

Photo Credits: Glow Images, iStock, Shutterstock

Production Contributors: Teddy Borth, Jennie Forsberg, Grace Hansen

Design Contributors: Christina Doffing, Candice Keimig, Dorothy Toth

Publisher's Cataloging in Publication Data

Names: Murray, Julie, author.

Title: Ser respetuoso / by Julie Murray.

Other titles: Respect. Spanish

Description: Minneapolis, Minnesota : Abdo Kids, 2018. | Series: Nuestra personalidad | Includes online resources and index.

Identifiers: LCCN 2017945853 | ISBN 9781532106248 (lib.bdg.) | ISBN 9781532107344 (ebook)

Subjects: LCSH: Respect--Juvenile literature. | Children--Conduct of life--Juvenile literature. | Moral education--Juvenile literature. | Spanish language materials--Juvenile literature.

Classification: DDC 179--dc23

LC record available at https://lccn.loc.gov/2017945853

Contenido

Ser respetuoso

Se puede ser respetuoso de muchas maneras. ¿Sabes cómo?

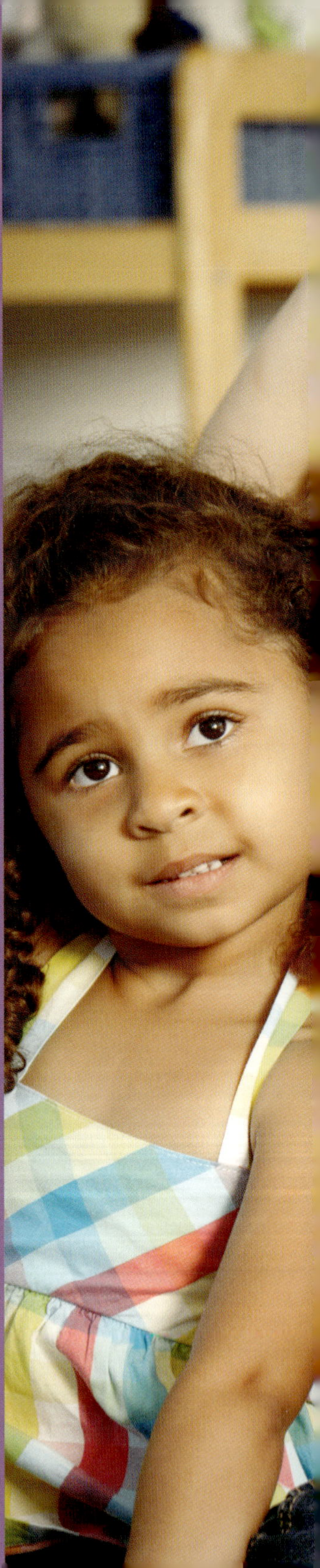

Carlos ayuda a Leonardo. Le abrocha el casco de la bici. Le muestra respeto.

Tara muestra buenos **modales**.

Siempre da las gracias.

Luis habla con su mamá.

Le cuenta la verdad.

Así muestra respeto.

Muestra respeto limpiándola después.

Daniel ayuda a su mamá. Hace **quehaceres** de la casa.

Sara y Amy se van a pescar.

Amy espera a que sea su turno.

Benjamín escucha a Ava.

Así muestra respeto.

¿Cómo muestras respeto tú?

Formas de ser respetuoso

ser amable

escuchar a los demás

turnarse

mostrar buenos modales

Glosario

modales
comportamiento que muestra la buena o mala educación de alguien.

quehaceres
tareas habituales de la casa o del jardín.

Índice